AF253834

LES DERNIERS JOURS

D'UN

SOLDAT CONDAMNÉ A MORT.

LES

DERNIERS JOURS

D'UN

SOLDAT CONDAMNÉ A MORT

PUBLIÉS

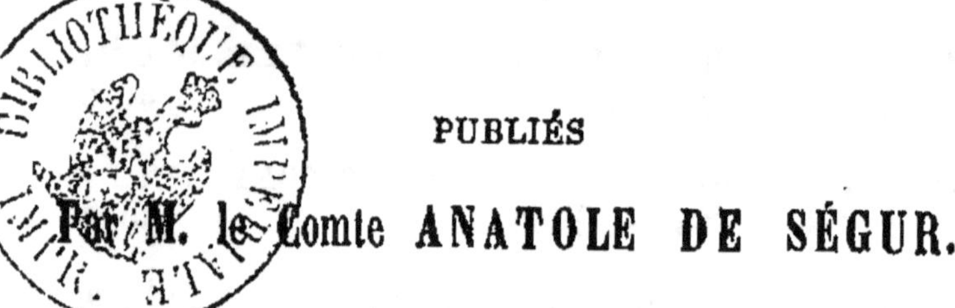

Par M. le Comte ANATOLE DE SÉGUR.

PARIS

AMBROISE BRAY, ÉDITEUR,

RUE DES SAINTS-PÈRES, 66.

1860

PRÉFACE.

Un écrivain fameux de ce siècle a fait un livre intitulé : *le dernier jour d'un Condamné,* dans lequel il se complaît à raconter, jour par jour, heure par heure, les souffrances morales, les angoisses et le désespoir de l'infortuné qu'attend le dernier supplice, tels du moins que se les figure l'imagination de l'auteur. C'est une peinture horrible, effroyable, et qui doit être vraie pour la plus grande partie, si l'on se place au point de vue de l'écrivain, au point de vue purement naturel, au point de vue païen.

Mais pour l'homme régénéré par le baptême, purifié par la grâce et revêtu de la force divine, pour le chrétien, en un mot, il en est tout autrement, et la religion de J.-C., qui a des consolations pour toutes les douleurs humaines, sait aussi le secret d'adoucir les derniers moments des pauvres condamnés, et de convertir en joies véritables les amertumes naturelles de leur situation.

Le petit écrit que je publie aujourd'hui est la preuve éclatante de cette vérité; c'est la relation des derniers jours d'un jeune soldat de 23 ans, condamné à mort et exécuté à Vincennes le 30 décembre dernier, pour tentative de meurtre sur la personne d'un sous-officier. Ayant entendu parler des sentiments admirables dans lesquels était mort ce jeune homme, je priai l'aumônier des prisons militaires de Paris, M. l'abbé Baron, mon ami, de vouloir bien m'écrire les détails de sa conversion et de sa fin. Ce bon prêtre m'envoya une longue lettre qui ne devait servir, dans sa pensée, qu'à me fournir les matériaux d'une notice à composer sur son cher condamné ; mais, toutes réflexions faites, j'ai préféré publier cette lettre telle que je l'ai reçue, et telle qu'elle est sortie du cœur du pieux aumônier : rien ne saurait remplacer l'émotion de ce récit, sa touchante simplicité, et cet accent de vérité de celui qui a vu, pleuré et aimé.

Je plaindrais le militaire, je plaindrais l'homme qui, après avoir lu cette relation des derniers jours d'un pauvre soldat condamné à mort et exécuté, ne se sentirait pas le cœur rempli d'une admiration profonde pour cette religion divine qui sait enfanter de tels prodiges de grâce et de repentir, qui peut changer un criminel en un saint, inonder de paix et de joie l'âme d'un jeune homme marchant au supplice, et qui renouvelle ainsi dans tous les temps la consolante merveille de ce bon larron, mourant près du sauveur J.-C., plein de foi, d'espérance et d'amour, en entendant de la bouche même de Dieu tomber sur lui ces ravissantes paroles : « En vérité, je te le dis, aujourd'hui tu seras avec moi dans le Paradis ! »

Le Comte ANATOLE DE SÉGUR.

Monsieur le Comte,

Vous m'avez demandé une notice sur B^te Racth, notre pauvre condamné à mort, et sur toutes les circonstances de ses derniers moments. Je préfère vous fournir simplement des documents qui pourront servir à une notice que vous ferez vous-même avec infiniment plus d'intérêt. Ces documents seront longs peut-être ; mais ainsi, vous serez à même de choisir les plus intéressants.

Mon jeune ami, l'abbé Henri Boisseau, élève du grand séminaire de Cambrai, qui est venu passer cette année près de moi, a vu souvent B^te Racth, il a eu avec lui de

1.

longs entretiens, il l'a, sur sa demande, accompagné jusqu'à la mort. C'est avec lui que j'ai recherché toutes les paroles de notre pauvre pécheur, les circonstances si touchantes de son repentir et de son exécution. Vous pouvez donc compter sur l'exacte vérité de tout ce que j'ai l'honneur de vous dire aujourd'hui.

Le Crime.

Jean-Baptiste Racth atteignait sa 23me année le jour même de son exécution. Né à Paris, il fut élevé à Boulogne parmi les blanchisseurs. Il ne paraît guère avoir eu de bons antécédents, ni comme civil ni comme soldat. Des journaux ont mis une complaisance coupable à les signaler au public, oubliant sans doute que le malheur a été pour beaucoup dans ses égarements. A 9 ans il avait perdu son père, écrasé sous les roues d'une voiture, et sa mère qui mourut en donnant le jour à un enfant. Il était donc resté seul, sans frère ni sœur, à la charge de parents pauvres et incapables de donner le moindre soin à son éducation. Il sentait vivement ce malheur, et je me souviens qu'il me dit un jour dans sa prison : « Si vous saviez quel malheur c'est d'être orphelin si jeune, de n'avoir point de famille et d'être, où l'on vous recueille, plutôt une charge qu'un objet de sollicitude et d'affection ! Etant bien jeune encore, que je souffrais, si vous saviez, et que de fois j'ai pleuré en voyant le dimanche tant d'heureux enfants accompagner à la promenade leur père et leur mère, les tenant par la main, recueillant leur tendresse, et sous leurs yeux sautant et jouant tous ensemble frères et sœurs ! — Je ne veux pas m'excuser, disait-il encore, mais quand on n'a l'affection et l'estime de personne, qu'il est difficile de ne pas se laisser aller au mal ! Combien n'y en a-t-il pas qui sont retenus par la crainte des larmes de leur mère, des reproches de leur père et par l'affection et l'estime de leur famille ! Mais quand on n'a plus personne ; quand on sait qu'il n'y a pas de père pour gronder, ni de mère pour pleurer, et qu'il n'y a ni affection ni estime à perdre, qui peut alors vous retenir ? Cependant je dois dire, ajoutait-il, que Dieu a été bien juste pour moi ; car ce qu'il m'avait ôté d'un côté il me l'avait rendu de l'autre. Jamais je n'ai fait le mal sans que ma conscience m'avertît d'avance de ce que j'allais faire, et ensuite de ce que j'avais fait. Si je n'avais plus de parents pour m'avertir et me reprendre, je puis vous assurer que j'avais ma conscience. Elle me tenait lieu de père et de mère ; et si je ne l'ai pas suivie, c'est de ma faute et je ne puis en accuser que moi-même. »

Ce fut à la fin d'octobre que Racth nous arriva à la prison du conseil de guerre de la rue du Cherche-Midi, pour le fait de tentative d'assassinat sur la personne d'un sous-officier de son régiment (le 20e de ligne). Ne pouvant supporter une punition qu'il trouvait injuste, Ratch s'emporta, jura de se venger ; il chargea son fusil, se mit à poursuivre ce sous-officier et lui tira à travers une porte un coup de feu qui ne blessa personne gravement. Le sergent fut atteint légèrement par un éclat de bois.

Arrêté sur l'heure et jeté en prison, Racth revint de son emportement, et les sentiments de foi ne tardèrent pas à se réveiller au fond de son cœur. Il éleva son âme vers Dieu, et ne sachant pas encore le résultat de sa criminelle tentative d'assassinat, il s'écria : « Mon Dieu, sauvez la vie de mon pauvre sergent, que je sois plutôt condamné et fusillé ! Si vous me faites cette grâce, je consens à ne pas me défendre, j'en prends devant vous l'engagement ! »

La Conversion.

Voici comment le pauvre Racth, poursuivi par la grâce qui voulait en faire un saint pénitent, commença à prendre le chemin du ciel:

Un jour que le jeune abbé Boisseau exerçait les soldats prisonniers au chant des cantiques, un de ces pauvres enfants qu'il connaissait particulièrement vint le trouver et lui dire qu'un de ses amis souffrait beaucoup et qu'il désirait avoir avec lui un petit entretien. M. l'abbé lui fit répondre qu'il serait heureux de l'entendre. Aussitôt il vit approcher un tout jeune homme au front sombre, abattu et paraissant en proie à de cruelles souffrances morales.

« Monsieur l'abbé, lui dit-il, je suis bien malheureux... J'ai besoin de vos bonnes paroles et de vos consolations. Si vous saviez dans quel triste état je suis !... Et ces paroles étaient accompagnées de profonds soupirs qui en disaient plus encore.

M. l'abbé s'empressa de le calmer et de l'encourager. Mais Racth ne savait que répéter : « Ah ! si vous saviez combien j'ai offensé Dieu !... Et le crime que j'ai commis !..... »

Le jeune abbé l'avertit qu'il n'était pas prêtre encore, qu'il ne pouvait l'entendre en confession.

« C'est égal, Monsieur l'abbé, répondit Racth, cela me fait tantde bien de m'ouvrir ! Veuillez dire un mot pour moi à M. l'aumônier, afin qu'il daigne m'entendre. »

Puis il raconta toutes les circonstances de son crime. — Tenez, ajouta-t-il, je ne voulais pas le tuer. Si j'avais eu ce dessein, j'aurais pris un moyen plus sûr et moins funeste pour moi ; mais priez bien pour moi, et si vous voulez, nous dirons ensemble le *Souvenez-vous*, afin que Dieu me convertisse.

Tels furent les premiers pas de Racth dans la voie du repentir. Par cet épanchement de son cœur il repoussait déjà loin de lui toutes les suggestions du mal auxquelles il s'était abandonné. Ces sentiments nous font bien voir que son pauvre cœur avait un pressant besoin de pardon. Quelques jours après il s'approchait du tribunal de la divine miséricorde qui pardonne à ceux qui s'accusent.

L'action de Dieu fut frappante sur cette âme, et la sainte confession, que tant de soldats et autres se représentent comme une loi si dure de l'Église, fut pour lui la source du plus intime bonheur ; lui que l'on voyait si sombre, si triste et si rêveur, avait comme changé de nature. Son beau et jeune front avait pris cet air radieux et candide qui convient à l'innocence, du moins à l'innocence recouvrée. Tout le monde remarqua ce changement. Ce bonheur qu'il appréciait et dont il ne savait comment remercier Dieu et son ministre, il le devait, disait-il, à la Sainte-Vierge, à Notre-Dame réconciliatrice des pécheurs, et aussi à un Saint qu'il avait constamment invoqué, même dans ses plus grands égarements. Ce saint est le B. Pierre Claver. Il avait lui-même composé une prière touchante qu'il lui récitait tous les jours. Il demandait au saint de l'arrêter au plus tôt dans cette mauvaise voie qui ne pouvait qu'aboutir à l'enfer.

Sa confiance en Marie était sans bornes. Aussi lui attira-t-elle la grâce du plus profond repentir et celle d'une entière résignation. Je n'oublierai jamais avec quel accent et quelle expression, dans un de nos entretiens, il me disait en me serrant la main :

« Mon père, priez, s'il vous plaît, pour moi, et demandez avec moi une grâce à la Sainte-Vierge : c'est que je sois condamné et fusillé plutôt que de retourner jamais à mes péchés. »

Enfin après s'y être préparé par plusieurs confessions, Racth approcha de son Dieu et le reçut dans la sainte communion avec les dispositions les plus édifiantes.

Le Conseil de guerre.

Le 20 novembre Racth fut appelé devant le conseil de guerre. Comme nous l'avons vu, après son crime et dans la vivacité de son repentir, Racth s'était promis de ne pas se défendre ; il se croyait coupable et digne de mort. Aussi ne redoutait-il pas une condamnation capitale ; mieux valait pour lui mourir que d'être condamné à passer sa vie dans les bagnes.

« Que ferais-je de la vie ? disait-il, moi qui jusqu'ici en ai fait un si criminel usage ? Que gagnerais-je à aller vivre et à aller mourir avec les forçats ? Etre malheureux en cette vie et infiniment plus malheureux dans l'autre, voilà le sort qui m'attend ; tandis qu'en mourant aujourd'hui comme je l'ai mérité, j'espère de la bonté de Dieu obtenir un sort bien plus heureux dans l'éternité. Et puis ici-bas ma mort ne sera un déshonneur que pour moi ; je suis seul, orphelin, sans frères et sœurs. »

Pénétré de ces sentiments et de la pensée que la mort était un gain pour lui, il se présenta au conseil sans aucune crainte ; il poussa même trop loin son zèle contre lui-même, et, dans la chaleur de la discution et des débats, il oublia un peu les devoirs d'un accusé. Il se repentit plus tard de ce manque apparent de respect pour ses chefs et leur exprima ses regrets dans une lettre adressée au Colonel président du Conseil de guerre.

Quand il revint du jugement, il entra dans la salle des prévenus qui l'attendaient en proie à une vive émotion. Il prononça lui-même ces terribles paroles : *Condamné à mort !...* Nous aussi nous étions là à l'attendre, et nous partageâmes la consternation de ses camarades.

Aux sentiments de compassion que nous lui exprimâmes, il répondit : « Je ne suis pas triste d'être condamné à mort ; mais peut-être ai-je manqué de respect au Conseil.... »

Je le pris alors par la main et le conduisis à la chapelle. Dans le trajet il me dit : «Eh bien, mon père, nous voilà donc sur le chemin du ciel !..» Nous nous mîmes à genoux sur les degrés de l'autel et priâmes ensemble quelque temps. Il se releva plus calme que jamais et pleinement résigné à son sort.

Sentiments et œuvres de pénitence.

Dès sa condamnation, une pensée dirigea toutes ses actions : ce fut celle de réparer le mal qu'il avait fait jusque-là. Il avait été mauvais chrétien, et nous avons dit avec quelle docilité il s'était rendu à la grâce, avec quel repentir il s'était approché du tribunal de la pénitence et avec quelles saintes dispositions il avait reçu son

Dieu. Il ne se borna pas là. Il sollicita bien long-temps la faveur de pouvoir servir la messe, ce qu'il fit jusqu'à sa mort avec la plus angélique piété.

On peut dire en toute vérité que la prière remplissait ses jours et même une partie de ses nuits; et qui saurait dire la ferveur qu'il y mettait? La lecture du livre de l'Imitation de Jésus-Christ, qu'il portait sans cesse sur lui, faisait ses délices. Enfin à voir son ardent amour de Dieu, il ne semblait pas que son cœur eût jamais pu être à d'autres qu'à son Créateur. Sa plainte et ses regrets étaient toujours de n'aimer pas assez Dieu, d'être froid pour lui et de n'avancer pas assez dans l'œuvre qu'il avait saintement entreprise de fouler aux pieds cette nature qui avait été si coupable et si révoltée.

Que de soupirs il poussait en pensant à son passé! Que de fois il s'extasiait sur la bonté de Dieu envers lui! «Quel malheur, disait-il, de n'avoir pas su plus tôt que Dieu était si bon, si bon pour les pécheurs!... Mourir, voyez-vous, ce n'est plus rien pour moi. Douze balles dans la poitrine, qu'est-ce que cela me fait? Mieux vaut cela qu'un péché mortel. Oui, que Dieu me fasse mourir plutôt que de l'offenser encore!...»

Plus d'une fois nous nous aperçûmes que cet amour de Dieu l'armait contre lui-même par l'exercice de la mortification. Outre tout ce qu'il y a de pénible dans la situation d'un pauvre prisonnier et d'un condamné à mort, bien d'autres choses étaient de nature à blesser son cœur; et il supportait tout sans murmurer par esprit de pénitence. Des camarades étaient venus le voir et puis l'avaient négligé; il fut très-sensible à ce délaissement. « Mais par là, disait-il, Dieu veut me faire voir que je n'ai plus réellement que lui sur la terre, et que c'est vers lui seul que je dois me tourner. »

Durant ces jours de si grand froid, étant sur le pavé de la chapelle depuis long-temps, il grelottait de froid et nous vîmes qu'il avait les pieds nus dans des souliers troués. Nous en fûmes touchés de pitié, et lui, en souriant, nous répondit que c'était une bien légère pénitence pour ses péchés.

N'ayant pas été bon chrétien, il avait été mauvais soldat. Il s'appliqua donc ardemment à devenir un modèle d'obéissance et de respect envers ses chefs et les surveillants de la prison. Aussi gagna-t-il rapidement toute leur confiance. On eut même pour lui des égards exceptionnels. Au lieu de le mettre en cellule après sa condamnation, comme c'est l'usage, on le laissa entièrement libre avec ses camarades condamnés.

Il est une autre réparation à laquelle il s'appliqua avec toute l'ardeur de son cœur. Il avait été un mauvais camarade, disait-il, par ses mauvais exemples et surtout par le scandale qu'il donna *à toute l'armée* ; il voulut devenir et il devint un apôtre dans la prison.

Le zèle de la gloire de Dieu et du salut des âmes dévora ce cœur que le démon et les passions avaient égaré. Je ne saurais dire tout ce qu'il fit, toutes les peines qu'il se donna pour apprendre à ceux-ci leurs prières, à ceux-là les éléments de la religion, à tous les motifs, les preuves et les exemples de la foi. Jusqu'à la fin il ne se donna plus de repos pour ramener ses camarades à leurs devoirs religieux. Il fut pour eux d'une patience, d'une obligeance et d'une charité héroïques ; il avait tellement gagné leur affection que, comptant sur la commutation de sa peine en celle du bagne, ses camarades avaient formé entre eux, du fruit de leur travail, une collecte pour les frais de son voyage.

« Sois tranquille, va, mon cher Racth, répétaient-ils souvent, tu n'iras pas au bagne sans le sou, nous te fournirons bien le gousset ! »

Grâce à cette amitié qu'il leur avait inspirée, Racth ne manqua pas d'en ramener à Dieu un grand nombre. Je me souviendrai toujours de sa joie quand il venait nous dire ses espérances sur celui-ci, ses projets sur celui-là, ses résultats sur les autres ; les paroles qui lui avaient été répondues, les promesses qu'on lui avait faites. Il tressaillait de bonheur à la pensée que plusieurs se disposaient à se confesser le samedi suivant pour communier le dimanche. A notre arrivée, il nous présentait la liste de ses convertis, et pendant que je les attendais à la chapelle, lui les allait chercher, les réunissait autour de lui, les préparait à la confession en faisant avec eux leur examen et me les envoyait. Puis lui-même se confessait et les accompagnait le lendemain à la communion.

Son zèle était accompagné de la plus profonde humilité. Quinze jours après sa condamnation, un autre soldat de son régiment fut condamné à mort comme lui. Aussitôt Racth se sentit porté à aller au devant de ce pauvre compagnon pour l'aimer et pour le ramener à Dieu. Ils avaient tous deux le même sort, il lui semblait qu'ils devaient avoir tous deux le même repentir, le même amour de Dieu et la même joie dans le cœur. N'ayant pas dabord trouvé ce qu'il espérait, il ne faisait que prier et solliciter des prières pour son pauvre camarade. Il me le recommanda en me suppliant de tout faire auprès de lui, et il ajouta :

«Monsieur l'aumônier, je vous en prie, s'il ne répondait pas de suite à vos avances, ayez pitié de lui tout de même. Il n'est pas méchant. Il a peut-être fait le mal sans le savoir; il ne savait pas ce qu'il faisait, tandis que moi je le savais toujours et je suis bien plus coupable que lui... »

Enfin il fit tant que ce pauvre camarade revint à Dieu de tout son cœur, et que le jour de Noël les deux condamnés à mort communiaient l'un à côté de l'autre.

Les vices et les blasphèmes de quelques uns de ses camarades affligeaient profondément le cœur de Racth, mais il savait encore tourner ce sentiment contre lui-même.

« J'ai été comme eux, disait-il; mais eux, ils ne savent ce qu'ils font, tandis que moi je le savais toujours; et maintenant que Dieu m'a accordé son amour, je devrais le servir avec plus d'ardeur. Peut-être suis - je à ses yeux plus coupable qu'eux. »

Ce zèle humble, doux et persévérant ne le quitta pas un seul jour jusqu'à sa mort. La veille même de son exécution il amena encore pour se confesser un pauvre soldat qui venait d'être condamné à cinq ans de travaux publics, et qu'il avait disposé lui-même au sacrement de pénitence.

Au milieu de tout le bien qu'il faisait, ce pauvre enfant était bien souvent tourmenté par la crainte de n'avoir pas une intention assez pure, d'agir peut-être par intérêt ou par d'autres vues, quoiqu'il ne pût dire quels pouvaient être cet intérêt et ces vues. Un jour nous voulûmes lui faire accepter un léger adoucissement au froid dont il souffrait ; c'était une paire de chaussons. Il ne voulut rien recevoir.

« J'ai trop peur, disait-il, d'en venir ensuite à faire quelque chose par des vues intéressées. Permettez-moi de ne pas accepter, je vais en être inquiété. » On sait bien le froid qu'il faisait alors. Aussi nous l'obligeâmes à se servir de ce que nous lui avions apporté. Il fallut bien qu'il se résignât à l'accepter.

Ceci suffit pour donner une idée de la confiance qu'il avait inspirée à ses chefs, de l'amitié de ses camarades pour lui et de la profonde consternation qui les frappa tous quand il leur fut enlevé pour passer de la prison au polygone de Vincennes et de Vincennes à l'éternité.

L'annonce fatale.

Ce fut le 29 décembre qu'il fut convenu d'avertir Racth de sa fin prochaine. Il s'y attendait sans doute, puisqu'il n'avait voulu signer ni pourvoi, ni demande de grâce, ni aucune démarche pour obtenir une commutation de peine. Pourtant il n'avait pas été sans ouvrir quelquefois son cœur à l'espérance; en tous cas, il comptait encore sur plusieurs jours.

« L'Empereur, disait-il, m'enverra cela

pour mes étrennes, je m'y attends pour la première semaine de 1860. »

A sept heures du soir, nous allâmes à la prison, attendant M. le Commissaire-commandant qui se rendit avec nous dans le chauffoir des prévenus, accompagné de deux gendarmes, de M. l'Agent principal et de quelques sous-officiers surveillants.

Racth, appelé, arriva bientôt et se présenta devant nous avec la plus grande simplicité, mais non sans une vive émotion qu'il sut pourtant dominer. Nous lui serrâmes affectueusement la main et pendant que je la lui tenais, M. le Commandant lui dit : « Racth, je viens vous instruire de « ce qui est décidé sur votre sort. Vous « êtes à vos derniers moments. Il est temps « de songer à vous réconcilier avec Dieu, « de vous disposer à mourir en bon chré- « tien, et de faire voir tout le repentir que « vous avez de votre conduite passée. « Votre exécution aura lieu demain à huit « heures du matin, et à six heures vous « serez extrait de cette prison pour partir « aussitôt. Vous avez mérité ce châtiment;

2.

« disposez-vous à le subir avec la résigna-
« tion et le courage d'un vrai chrétien. La
« lecture de l'arrêt de votre condamnation
« va vous être faite ; écoutez-la..... Et puis
« je vous laisse entre les mains de M. l'Au-
« mônier dont vous avez déjà entendu les
« conseils et qui veut bien ne plus vous
« quitter jusqu'à votre dernière heure. »

La lecture se fit, et Racth, avec calme et
simplicité, remercia M. le Commandant qui
n'en pouvait plus d'émotion, ainsi que
toute l'assistance. Racth fut ensuite fouillé.
Il se prêta à tout avec la meilleure grâce.
On tira de ses poches quelques sous, une
Imitation de Jésus-Christ, des médailles
et deux chapelets. Il voulut faire son héri-
tier le plus malheureux des prisonniers,
et comme on ne pouvait fixer un chóix,
il cita celui que quelques heures auparavant il avait amené à la Chapelle pour se
réconcilier avec Dieu par une bonne confession. Il garda pourtant un chapelet
et le livre de l'imitation dont il allait
avoir plus besoin que jamais, disait-il.
Tout le monde alors se retira, excepté

les deux gendarmes, le pauvre condamné, l'abbé Boisseau et moi.

Je fis asseoir Racth sur un banc; il en avait bien besoin; un frisson courut bientôt dans tous ses membres, et un tremblement involontaire l'agita pendant quelque temps.

« C'en est donc fait de moi, dit-il alors... Demain à cette heure, je serai déjà habitué dans l'autre monde... Après tout je l'ai désiré... je l'ai maintenant... je ne sais pourquoi je me sens trembler ainsi... je n'ai plus rien à demander qu'à bien mourir. »

Enfin le tremblement passa et fit place au calme habituel dont il jouissait depuis longtemps.

« Que mon corps tremble, disait-il encore, je n'en puis pas, mais mon cœur est tranquille. »

Il fut heureux de savoir que nous ne devions plus le quitter. Mais par délicatesse il ne voulait pas accepter, de peur de nous causer une trop grande fatigue. Il nous priait instamment d'aller prendre notre repos, nous assurant bien qu'il serait calme et content, et qu'il se reposerait lui-même aussi tranquillement que les autres nuits. Nous n'en fîmes rien et restâmes près de lui. C'était presque autant pour nous que pour lui-même, tant sa conversation nous édifiait !.... Notre résolution le rendit heureux, c'était visible. Nous nous arrangeâmes donc sur un banc, devant une table près du feu, lui au milieu de nous deux, et nous nous mîmes à causer intimement.

« Comme je suis bien ici, répétait-il, entre vous deux, vous qui êtes tout pour moi ! Mourir entre vous deux, je vous assure, ce n'est pas mourir. »

On causa du Ciel, de Dieu, de la crèche et de la croix de Jésus, de la Sainte-Vierge, refuge des pécheurs, des saints ; on causa de tout, excepté peut-être de la terre. Mais aller au Ciel tout droit, il ne pouvait y croire. C'était trop beau pour lui, un si grand pécheur, il en était indigne. Pourtant il se mit à rechercher avec nous combien d'indulgences il pouvait encore gagner avant de mourir. Tous les jours, depuis sa condamnation, il s'était appliqué à réciter une quantité de prières auxquelles sont attachées des indulgences. Ainsi l'*Angelus* trois fois le jour, les actes de foi, d'espérance et de charité, le *Souvenez-vous*, les litanies de la Sainte Vierge, le chapelet et plusieurs invocations. Toutes ces prières, comme je l'ai déjà dit, remplissaient ses jours et même une partie de ses nuits.

La dernière Nuit.

Cependant la nuit était commencée; il était dix heures du soir. Nous nous mîmes donc à genoux tous trois et nous priâmes de tout notre cœur. Oh ! alors, notre Dieu Sauveur était bien au milieu de nous; nous nous sentions comme pénétrés de sa divine présence, et en cette circonstance surtout, il nous semblait entendre redire à nos cœurs ces touchantes paroles de Jésus :

toutes les fois que vous vous réunirez à deux ou trois en mon nom, je serai au milieu de vous ! Oui, Jésus était bien au milieu de nous, ne fût-ce qu'en la personne de ce pauvre enfant qui avait tant de courage, tant de résignation et tant d'amour dans son cœur ! C'était bien Jésus qui dans sa cruelle position était sa force et son bonheur; car ce pauvre patient était fort et il était heureux. Il nous le répétait sans cesse. Après avoir prié il se recueillait, il examinait sa conscience, il pensait à tout ce qu'il avait encore à faire avant de quitter ce bas monde.

Il lui vint une pensée qu'il nous soumit, c'était celle d'écrire une lettre au colonel-président du Conseil de guerre qui l'avait condamné à mort, pour lui demander pardon de l'emportement auquel il s'était laissé aller devant ses juges et ses témoins. J'approuvai cette pensée et il écrivit. Déjà il en avait fait autant à son capitaine et aux chefs de son régiment. Voici donc ce qu'il écrivit au président du Conseil de guerre.

Mon Colonel,

Je viens d'apprendre par l'entremise de
M. le Commandant que l'arrêt porté contre
moi se trouve ratifié par l'Empereur et
que c'est demain vendredi le jour de
l'exécution.

Ne croyez pas, mon Colonel, que ce soit
par vanité ou par orgueil que je vous
écris, non, C'est tout simplement un devoir et un devoir que la religion me com-
mande. Puis ensuite pour vous demander
pardon de la conduite un peu trop em-
portée et si peu respectueuse que j'ai tenue
en présence de mes chefs et de mes juges,
sans réfléchir que de nouveau je donnais
le mauvais exemple à toutes les personnes
qui se trouvaient présentes.

Je vous écris ensuite pour vous prouver
mon respect et la jouissance que je ressens en pensant que dans huit heures ou à
peu près, je serai entre les bras de mon
Sauveur, de Celui qui a bien voulu mourir

pour racheter mes péchés. Eh bien! moi aussi je vais mourir, et ce sera sans crainte et avec joie, pour faire pénitence de mes péchés et de tout le mal que j'ai pu faire. Oui, mon Colonel, vous m'avez rendu un bon service et je suis content que l'Empereur n'ait pas commué ma peine; car qu'aurais-je fait après ma grâce? Peut-être serais-je devenu plus mauvais que je ne l'étais d'abord.

Je ne veux pas vous dire que je vais à la mort de gaieté de cœur, car je vous mentirais, mais je ne ressens en moi aucune émotion qui soit capable de m'ébranler et de me faire perdre le courage que la pensée de Dieu a versé dans mon âme. Et je meurs en vous priant de faire mes excuses à Messieurs les membres du Conseil, et je leur demande pardon ainsi qu'à vous, mon colonel, des offenses ou des injures que j'aurais pu vous faire, et si ma mort sert d'exemple aux camarades qui comme moi sont mauvaise tête, eh bien, je meurs content et en priant pour mes juges et pour tous mes témoins.

Recevez mon Colonel, l'assurance du respect et de la soumission à vos ordres de votre serviteur très-humble,

RACTH (Baptiste).

Maison de justice militaire, minuit 30 min., décembre 1859.

Après cette lettre il était content comme on l'est toujours quand on s'est abaissé sous la main de Dieu et qu'on a rempli un devoir. Il se mit ensuite à lire l'Imitation de Jésus-Christ, puis le récit si touchant de l'apparition de la Sainte Vierge sur la montagne de la Salette à deux pauvres petits bergers. Il s'était mis sous la protection spéciale de Notre-Dame de la Salette, réconciliatrice des pécheurs. Il l'invoqua jusqu'à sa dernière heure. C'était sa consolation. Ce nom de *Réconciliatrice des pécheurs* lui plaisait par-dessus tout. Il écrivit ensuite quelque temps encore, et ne pouvant, suivant son désir, nous donner à chacun un souvenir, parce que, disait-il, il était le plus pauvre des hommes, il nous écrivit quelques lignes par lesquelles il nous témoignait sa reconnaissance, nous demandait un souvenir et des prières, et nous promettait son intercession près de Dieu. Il en fit autant pour quelques personnes à qui il devait de la reconnaissance. Voici ce qu'il écrivit à de bonnes Sœurs qui avaient beaucoup prié pour lui et qui m'avaient donné la commission de les recommander à ses prières quand il serait dans le Ciel :

Mes chères Sœurs,

Ayant été prié par M. l'Aumônier de plaider votre cause près de Dieu, c'est avec le plus grand plaisir que je le ferais, si j'étais quelque chose, mais n'étant qu'un pécheur et un grand pécheur, je n'oserais trop m'avancer dans ces promesses. Mais Notre-Seigneur Jésus-Christ est si bon, et il a écouté si bien ma pauvre prière jusqu'à ce jour que j'espère, puisqu'il m'appelle à lui, qu'il a des intentions de miséricorde sur moi. Eh bien ! mes bonnes Sœurs, sur votre demande et puisque vous avez tant prié pour moi, je le ferai pour vous, si vous me continuez vos prière surtout auprès de Marie, qui est ma seule et unique mère et que j'aime comme telle. Je crois qu'Elle obtiendra de son Fils bien-aimé que je sois reçu au nombre des élus. Alors je vous promets de prier pour la réussite de votre œuvre pieuse. Priez pour moi, en attendant je prierai pour vous ; et si je vous fais cette promesse c'est parce que M. l'Aumônier m'assure que j'irai au Paradis tout droit. Pourtant je suis un peu entêté là-dessus, car je sais que je suis un grand misérable, mais qui prie pour vous et qui se recommande à vos prières.

Prison militaire, 30 décembre 1859,
minuit 30 min.

RACTH (Jean-Baptiste).

Vers une heure il alla s'étendre sur un lit de camp, en recommandant qu'on l'éveillât à trois heures, mais on s'en garda bien. A peine Racth fut-il couché qu'il s'endormit aussitôt, et il dormit ainsi pendant 3 heures du sommeil le plus profond et le plus tranquille. A 4 heures sonnant il s'éveilla et s'écria en s'asseyant sur son lit « : Oh! si vous saviez ce que j'ai vu!... Est-ce possible que ce ne soit qu'un rêve!... J'ai vu Notre-Dame de la Salette, la réconciliatrice des pécheurs. Elle était environnée de lumière. Elle me tendait les bras ; elle m'encourageait sans me dire un mot, et elle me promit une place dans le Ciel... Si vous saviez que cette vue m'a rendu heureux! quelle belle nuit j'ai passée! Oh! comme elle m'a bien fait comprendre, cette bonne Mère, tout ce qu'elle veut de bien pour les pécheurs! Elle eut bien des fois à retenir pour moi le bras de son Fils, que je me faisais un jeu d'irriter... Elle a été assez bonne pour le retenir jusqu'à ce jour! Oh ! bientôt donc je pourrai la remercier de tout mon cœur... »

Et tous nous étions attendris jusqu'aux larmes en l'entendant bénir et raconter avec tant de bonheur toutes les bontés de Marie pour lui. Il ne savait s'expliquer à lui-même tant de merveilles. « Il me semblait, ajouta-t-il, que Notre-Dame de la Salette me conduisait elle-même à la communion, ici, à la chapelle, et que là je servais la messe et communiais avec un bonheur que je ne saurais exprimer. » Aussitôt l'heureux enfant descendit de son lit, se mit à genoux, et pria avec une ferveur extraordinaire. J'eus beau l'engager à rester couché :

« Oh ! mon père, répondit-il, il est quatre heures, dans deux heures c'est le départ, ce n'est pas trop de ces deux heures pour remercier Dieu et préparer mon âme. »

Après sa prière nous causâmes encore un instant des jouissances de son âme pendant cette nuit, des prières et des bontés de Notre-Dame de la Salette pour lui, de la force et du courage que tout cela lui donnait contre l'approche de la mort.

Enfin son sommeil avait versé dans son cœur je ne sais quel baume de joie et de félicité qui lui faisait bénir son sort. « Maintenant, disait-il, je n'attends plus que le bonheur de servir la messe et de communier, et alors vous pourrez compter sur mon courage jusqu'au bout. »

Les derniers adieux.

Racth nous donna alors ses commissions, le nom de quelques personnes auxquelles il nous pria de donner de ses nouvelles. C'était entre autres M. le Curé de Bésicourt, canton de Clermont (Meuse). Il nous supplia de faire aussi ses adieux à M. Perdrau, le bon abbé qui, la semaine précédente, était venu donner une si bonne retraite aux soldats prisonniers et qui avait témoigné tant d'affection au pauvre condamné. Ce cher enfant aurait voulu le voir

encore une dernière fois avant de mourir.
Puis il écrivit ses adieux à ses camarades.

« J'ai attendu à les servir les derniers,
disait-il, parce que je veux que ma dernière page, ma dernière écriture et mon
dernier mot soient pour eux... Je les aime
tant... nous étions si bons amis! Je ne les
quitterai que pour aller à Dieu. » Et il se
mit à écrire ces lignes :

« Adieu, mes chers camarades!... non
pas adieu, mais au revoir ; car j'espère que
Dieu voudra bien avoir pitié de sa pauvre
créature et qu'il me pardonnera toutes mes
fautes. Je n'ai pas voulu mourir et vous
quitter sans vous adresser quelques paroles
d'amitié et sans vous prouver mon sincère
attachement, et aussi sans vous donner
quelques conseils d'ami. J'ai toujours entendu dire que le conseil d'un condamné
à mort était toujours bon, surtout s'il mou-
rait dans la reconnaissance de son Dieu.
Or, il y en a parmi vous, mes amis, qui,
s'ils étaient dans le même passage que
moi, pourraient avouer aussi bien que
moi que l'orgueil, la vanité est presque

toujours ce qui nous amène dans ces maisons. Moi qui vous parle, j'en sais quelque chose. Ce n'est que ce maudit orgueil qui me faisait faire tout ce que j'ai fait depuis que je suis au régiment. Je ne voulais pas, lorsque j'avais avancé une parole, qu'il soit dit que je revienne dessus, et c'est ce qui me porta à l'action qui me vaut aujourd'hui la mort (non pas la mort, mais la véritable vie.) C'est précisément par rapport à mon orgueil que je viens aujourd'hui vous prier de ne pas rester sans rentrer en vous-mêmes, et de suivre mon exemple pour ce qui regarde la religion ; car je ne crois pas avoir été un mauvais camarade, et, tant que je suis resté avec vous, je ne crois pas avoir deshonoré ma religion ni manqué à mon devoir, soit envers mes chefs ou envers vous. S'il y en a qui ont quelques plaintes à faire contre moi, je vous prie de me pardonner ; et tout ce que j'aurais pu dire ou faire de blessant, je vous prie, pardonnez-le-moi au nom de votre amitié, au nom de cette mort que je vais recevoir tout à l'heure, et que vous désiriez tant me cacher...

Maintenant, chers et bons amis, adieu !... Je voudrais pouvoir vous en dire plus long; mais comme disait Notre-Seigneur, voici que l'heure approche, et j'ai hâte de quitter la plume pour me confesser une dernière fois et pour communier. Et je pense que tous ceux parmi vous qui ont un peu de pitié et un peu d'amitié pour moi, voudront bien m'accorder de faire une bonne confession et une bonne communion à mon intention. Adieu, chers amis, il est quatre heures trois quarts. Je vous quitte pour aller avec Dieu. Je me recommande à vos prières. Soyez sûrs que je prierai pour vous. Je vous assure que tous ceux qui se trouvéraient dans la même situation que moi, s'ils savaient quelle consolation c'est de mourir pour ainsi dire certain d'avoir la conscience tranquille, et s'ils avaient pu sentir tout ce que je viens de ressentir en toute cette nuit, nul d'entre eux ne laisserait de pratiquer la religion avec plaisir, cette religion si consolante que j'ai tant attaquée comme les autres, et qui en ce moment me rend le bien pour le mal.

Adieu donc, chers amis, adieu une dernière fois !... Je meurs repentant de mes fautes et content de mourir pour pouvoir aller au ciel, où je vais vous attendre. C'est ce que je vais demander pour vous lorsque j'y aurai obtenu ma place.

Prison militaire, 5 heures du matin, 30 décembre 1859.

RACTH (Jean-Baptiste).

Il plia cette lettre, et me la remit avec prière de la communiquer à ses chers camarades. Puis il se rendit à la chapelle avec les gendarmes ; là il se recueillit et pria quelque temps, se confessa ensuite pour la dernière fois, ce qui lui fut d'autant plus facile que quelques heures auparavant il avait terminé la confession générale de sa vie. Il était donc prêt ; il était content, tranquille, heureux. Bientôt la messe commença. Elle fut dite pour lui, il la servit comme il le faisait tous les dimanches. Il y mit cette fois encore plus de foi et de piété, s'il est possible. Il toucha du moins jusqu'au fond de l'âme et jusqu'aux larmes les sous-officiers surveillants et les gendarmes qui se trouvaient présents. On ne pouvait assez admirer sa ferveur et en même temps sa simplicité et sa modestie. Il fit la sainte communion dans les mêmes dispositions; cette communion qu'il désirait tant faire, après laquelle il soupirait tant, il la fit avec une joie et un bonheur qu'il ne pouvait exprimer. Il me répéta bien des fois que ce fut le moment le plus doux et le plus heureux de sa vie. L'action de grâce fut pour lui la continuation de cette ineffable félicité dont son âme était inondée. Vint ensuite la récitation des prières si touchantes de la recommandation de l'âme à Dieu; en toute circonstance, même à la simple lecture, ces prières remuent l'âme profondément et font pleurer. Que ne devait-il pas se passer au fond de nos cœurs, en une circonstance semblable à celle où nous étions ! Des larmes abondantes coulaient malgré nous de nos yeux ; notre voix était étouffée par notre émotion, et lui, le pauvre enfant, répondait à toutes ces prières avec un recueillement, une piété et un calme angéliques.

Six heures enfin sonnèrent. Nous quittâmes la chapelle, et en me serrant la main dans le corridor, il me disait avec toute l'expression de son bonheur :

« Voyez donc ce qui se passe en moi ce matin : maintenant je porte Jésus-Christ en moi, et tout à l'heure ça sera lui qui me portera ; je serai dans ses bras ; comment pourrais-je craindre l'enfer? Il ne pourrait jamais m'y mettre. » Et il me serrait la main avec une affection et un tressaillement de joie extraordinaire. Et cependant nous nous rendions auprès des gendarmes qui devaient l'accompagner et le conduire au supplice. Arrivé au vestibule de la prison, il salua toutes les personnes présentes avec la plus grande cordialité, il remercia des égards qu'on avait eus pour lui. Il serra la main des sous-officiers surveillants et les embrassa dans toute l'effusion de son cœur. Tout le monde pleurait et lui était à répéter à tous : « Ne pleurez pas... vous voyez bien que je ne suis pas malheureux... je meurs content... »

Il sortit enfin de la prison, et nous montâmes avec les gendarmes dans la voiture cellulaire qui nous attendait à la porte.

Le Départ.

Un nombreux piquet de gendarmerie escortait la fatale voiture qui se mit ensuite en route pour Vincennes. Intérieurement elle n'était point commode, et il était difficile de s'y placer à trois et lui entre nous deux, comme il le voulait toujours. Pourtant il arrangea les choses de manière au moins à se trouver vis-à-vis de moi et assez près de M. l'abbé, mais nous

étions encore trop éloignés de lui...
« Tenez, faisons ainsi, dit-il, vous, monsieur l'aumônier, vous vous mettrez d'un côté ; M. l'abbé de l'autre, et moi à genoux au milieu de vous deux. »

Malgré tout son désir, il nous fut impossible de lui permettre d'adopter une position si fatigante. Il se résigna à rester comme il était.

Cependant la voiture était partie et nous traversions Paris rapidement. Racth était comme toujours calme, tranquille, recueilli, ce qui ne l'empêcha pas, pendant un moment de montrer une bien touchante sensibilité. Il pleura et se soulagea le cœur des larmes qu'il avait vu verser à son départ de la prison.

« Je pleure, disait-il, non pas que le courage me manque, croyez-le bien ; mais je pleure de ce qu'on a pleuré sur moi... J'ai vu mes chefs pleurer, et à cette pensée il faut que je pleure pour me soulager. J'ai été un pauvre orphelin abandonné. Jamais personne ne s'est occupé de moi pour me plaindre et s'intéresser à moi.

Cela me touche jusqu'aux larmes, et il faut que je pleure. »

Mais bientôt ce moment d'effusion passa et la prière ramena la joie dans son cœur. Il pria longtemps, les yeux pieusement attachés sur le crucifix et la relique de la vraie croix qu'il tenait à la main. Mille fois il porta l'image de Jésus crucifié à ses lèvres, mille fois il la pressa sur son cœur; mais avec une expression d'amour si vive et si sincère qu'on ne saurait le croire sans en avoir été témoin... Nous le laissâmes ainsi longtemps à lui-même ou plutôt à Dieu. Ce que Dieu lui disait ou lui faisait sentir alors valait bien mieux que toutes nos paroles. Oh! comme on sent Dieu près de soi quand on se trouve ainsi sur le seuil de l'éternité!...

La voiture allait toujours, et c'était à la mort, à l'éternité qu'elle conduisait l'un de nous. On ne l'aurait pas dit à la belle et heureuse physionomie de Raeth. Car s'il pleura un moment, il fut bien plus souvent et bien plus longtemps gai, content et joyeux.

Souvent il invoqua Notre-Dame de la Salette dont la pensée ne cessa de le consoler et de l'encourager beaucoup. Il pria saint Joseph, le patron de la bonne mort, et il n'oublia pas son saint de prédilection, le B. Pierre Claver, auquel il attribuait une partie de sa conversion et l'occasion qui lui était donnée de bien mourir et d'assurer son salut. En terminant ces prières il me disait :

« Mon père, que je suis affligé d'une chose ! Il me semble parfois que je n'aime pas assez Dieu : je ne l'aime pas comme je le devrais. Il me semble que je suis comme froid pour lui. Pourtant je voudrais tant l'aimer ! Il est si bon pour les grands pécheurs !

— Ne vous affligez pas, mon cher enfant, lui répondais-je. Ce n'est pas par ce que l'on ressent, mais bien par ce que l'on veut, que l'on aime Dieu. »

Et il rentrait dans le recueillement de la prière, satisfait de cette réponse qu'il comprenait parfaitement. Il nous proposa ensuite de dire ensemble encore un chapelet à la Sainte-Vierge comme son dernier salut sur la terre. Quand il fut terminé il nous dit :

« Si vous saviez comme ces paroles ont maintenant du sens pour moi :... *Priez pour nous, pauvres pécheurs, maintenant et à l'heure de notre mort.* Elles font le plus grand bien à mon âme et je sens que Marie les écoute..... Voyez, mon père, disait-il encore, une chose surprenante ! je suis dans la plus triste position du monde.... Un condamné à mort qui s'en va être exécuté et que tout le monde court voir comme une curiosité. Je devrais être aussi triste que ma situation, et je ne le suis pas du tout ; je suis bien tranquille, je suis content et heureux..... Voyez quel bien la religion sait faire dans le plus grand malheur. Dites bien à mes camarades , s'il vous plaît, tout le bonheur et tout le courage que m'a donné la religion. Dites-le à mon compagnon qui est aussi condamné à mort. Il va avoir bien peur pour lui en me voyant ainsi enlevé. Dites-lui que je prierai pour lui, et veuillez le consoler pour moi à votre retour ; par la religion il se consolera et aussi tous mes camarades. S'ils pouvaient le comprendre, il n'y aurait plus de malheur pour personne avec la religion.... Et moi qui ai tant dit de mal de cette sainte religion !... Oh ! si en ce moment elle me traitait comme je l'ai traitée autrefois, où en serais-je maintenant en présence d'une pareille mort ? »

Puis, le pauvre enfant rentrait dans le recueillement, tout absorbé par ses pensées consolantes et par la plus fervente prière, baisant sans cesse le crucifix et le pressant sur son cœur, puis le considérant longtemps avec des regards plein de résignation et d'amour. Il était si entièrement appliqué à Dieu qu'il semblait parfois ne plus même nous entendre. Il laissait nos questions sans réponse ou n'y répondait que lorsqu'il avait achevé sa prière.

Souvent nous l'entendions répéter : Mon Jésus ! miséricorde !;... Jésus ! Marie ! Joseph ! et plusieurs invocations semblables auxquelles sont attachées des indulgences,

Cependant nous touchions au terme du terrible trajet. Il s'en aperçut lui-même le premier et il me dit :

« Monsieur l'aumônier, nous voilà bientôt arrivés... Comment voulez-vous que je me comporte sur le terrain? Faut-il commander mon feu? »

Eh ! cher enfant, qu'en pensez-vous vous-même ? lui répondis-je, et il me dit :

« Pour vous dire ma pensée, tout cela c'est du luxe..,. Je n'ai été que trop orgueilleux dans ma vie. Si vous voulez, je veux mourir plus modestement... »

Après un instant de silence : « Faut-il que je parle aux camarades ? reprit-il. — Pour moi j'aime mieux non; voilà ma pensée. J'ai trop peur de leur dire des sottises. J'en ai tant dit ! »

Après un instant de recueillement : « Si vous le voulez, mon père, dit-il, voici quel est mon désir depuis longtemps : C'est de mourir à genoux et les bras en croix avec mon Sauveur. Il est mort sur la croix pour l'expiation de mes péchés. Ce sera comme si j'étais avec lui sur la croix pour mourir comme lui et pour lui...... »

Je ne fis qu'applaudir à un si beau sentiment, et il fut arrêté qu'il mourrait les bras en croix.

Il se remit alors en prière, sans jamais perdre de vue le crucifix qu'il tint constamment en main. Il sentait qu'il touchait au moment suprême. Je lui remis alors en mémoire toutes les commissions dont il voulait bien se charger près de Dieu ; toutes les bonnes âmes qui s'occupent des œuvres des soldats, tous les prêtres qui se dévouent au bien de leurs âmes, tous les laïques qui les aiment tant, comme M. Germainville et tant d'autres ; tous lui furent recommandés et il promit de bien prier pour tous.

« Prier pour eux, me dit-il, ce n'est que payer une dette et c'est une obligation pour tout soldat ; oui, je prierai pour eux de bien bon cœur. Mais veuillez bien aussi leur recommander mon âme et leur demander des prières pour moi, car j'en aurai bien besoin après tout le temps que

j'ai passé à offenser Dieu.... Quelle pénitence en ai-je faite ? Que Dieu veuille au
moins recevoir le sacrifice de ma vie que
je lui fais bien volontiers... »

L'Exécution.

Enfin la voiture s'arrêta. Nous étions
arrivés et il était l'heure. Les gendarmes
descendirent ; nous les suivîmes ; Racth
descendit le dernier. Nous lui présentâmes
la main pour l'aider; il la prit affectueusement et il s'avança tenant et baisant toujours son crucifix ; mais comme je ne le
conduisais pas où il fallait, il s'arrêta et
me dit :

« Ce n'est pas ici, mon père ; c'est là,
vis-à-vis du peloton, sur cette motte de
terre ; » et il nous y conduisit lui-même.

Là, il se mit à genoux, jeta au loin son
képi, baisa le crucifix et le pressa sur son

cœur. Il fit ensuite le signe de la croix et pria avec la plus grande ferveur pendant que je lui donnais la dernière absolution. Quand j'eus terminé, il baisa le crucifix une dernière fois avec la plus vive piété ; nous passa ses deux bras autour du cou et nous embrassa dans toute l'effusion de son cœur. Il me remit son livre de l'Imitation et une bouteille d'eau bénite qu'il avait voulu porter sur lui pour se défendre contre les attaques du démon.

« Adieu, mon père, dit-il, adieu, M. l'abbé... priez pour moi... mettez-vous à l'écart... les coups ne sont que pour moi. »

Alors il ôta sa veste qu'il replia et mit sous ses genoux ; mais il la reprit aussitôt et me l'apporta en me disant de me mettre dessus parce qu'il faisait mouillé là où j'étais à genoux.

En moins de temps qu'il ne faut pour le dire, il retourna sur le monticule de terre, s'y remit à genoux, fit le signe de la croix et se mit les bras en croix.....

On avait oublié de lui bander les yeux !

Un officier le fit remarquer. « Bandez-lui donc les yeux, cria-t-il. » Racth répondit : « cela n'est pas nécessaire ; mais comme s'il s'était accusé d'avoir trop vite parlé ; il se tourna de mon côté et me dit :

« Faut-il, mon père ? » Je lui fis signe qu'oui... On demanda donc un mouchoir ; il n'y en avait pas ; on courut, on cher- cha.... et le pauvre enfant était là atten- dant toujours....

Je me levai alors pour retourner à lui, lui faire encore baiser la croix ; M. l'abbé vint aussi... et puis aussi un de ses cama- rades, condamné à tirer sur lui. Il fondait en larmes...

« Ne pleure pas, va, cher ami ; sois sûr que je ne suis pas aussi à plaindre que tu le crois. » Il l'embrassa ; nous l'embras- sâmes aussi. Il voulut baiser encore plu- sieurs fois le crucifix. Le mouchoir enfin arriva ; on lui banda les yeux.

Il nous dit adieu ! adieu, mon père... puis à M. l'abbé, ne pleurez pas, M. l'abbé, dit-il.

Il nous embrassa encore une fois, lorsque déjà il avait les yeux bandés... Nous nous mîmes à l'écart.

Il fit le signe de la croix, il se découvrit la poitrine, étendit les bras, ramena encore ses mains qu'il joignit et pressa sur son cœur comme par un dernier élan d'amour de Dieu, les remit enfin en croix... et en prononçant les noms de Jésus !... Marie !.... il fut à l'instant même percé de douze balles. Il tomba la face contre terre, et fit encore quelques mouvements, mais la mort avait été instantanée, et sa belle âme, purifiée par une si sincère pénitence, avait comparu devant Dieu.

Telle fut la mort de ce cher Racth, de cet enfant bien-aimé auquel je me sentirai attaché toute ma vie. Il était pour nous un enfant de prédilection. Jamais nous ne pouvions nous faire à la pensée, qu'il avait été un scélérat, un assassin. En deux mois la religion fit en lui des prodiges, et il faut la foi pour se les expliquer. La grâce ne lui manqua pas, mais on peut dire aussi qu'il ne manqua pas à la grâce. Lui, si emporté, si violent, si irascible, était devenu en peu de jours un agneau de douceur et de patience ; lui, si coupable et si éloigné de Dieu, était devenu un saint pénitent, et, il faut l'espérer, un des bien-aimés du Père éternel. Que sa mort a été belle ! qu'elle a été courageuse et tout à la fois simple et modeste ! Sa pensée à lui était d'en faire une expiation de ses péchés, une satisfaction à la loi militaire et un exemple aux camarades. Cette pensée a été complétement réalisée. Dieu a agréé certainement cette généreuse expiation ; et ses camarades auront appris de lui, non pas à faiblir lâchement quand il s'agit de payer de sa vie une faute grave, non pas non plus à faire le brave, le fier et le fanfaron devant la loi qui punit, mais à accepter, après la faute, la peine comme une douleur méritée, comme une juste expiation, et à l'accepter avec repentir, résignation et confiance chrétiennes.

Aussi Racth a-t-il quitté ce monde avec le pardon de Dieu et le pardon des hommes. Ses camarades l'ont admiré et ils l'aiment. Je ne saurais vous dire la salutaire impression que sa belle mort a produite parmi eux. Au récit de sa mort, ils pleuraient tous comme des enfants qui perdent un frère, une mère!.. Tous rendent hommage à sa religion et à sa piété, et aucun n'a oublié la demande qu'il leur a faite par écrit d'une bonne confession et d'une bonne communion à son intention. Hier, quand je me suis présenté à leurs ateliers, presque tous se sont levés pour donner leurs noms, afin de se confesser samedi et de communier pour lui dimanche. Jamais, disent-ils, ils n'ont vu la religion si belle, si vraie et si consolante que dans les exemples et la mort de Racth ; et jamais ils n'oublieront celui qu'ils regardent et qu'ils invoquent dès maintenant comme un saint et un bienheureux.

Voilà, Monsieur le comte, les détails que vous m'avez demandés. Voyez ce qu'il y a à prendre ou à laisser, et croyez-moi

Votre très-humble et dévoué serviteur,

H. BARON.

Paris, le 6 janvier 1860.

POST-SCRIPTUM,

Le 7 janvier.

C'est pour mon cœur un besoin de vous écrire et de vous parler encore de notre cher Racth. Je rentre de la prison où il a été pendant deux mois. Que vous auriez été touché de voir le nombre de ses amis qui viennent de se confesser pour lui et qui se disposent à faire aussi pour lui une bonne communion ! Que vous auriez été bien plus touché encore de leurs bonnes dispositions, de leur manière de parler de leur pauvre ami, de ses vertus, de sa religion et de ses exemples ! Qu'il leur a fait de bien ! Que sa conduite a été belle, qu'elle a été digne et admirable devant Dieu et devant les hommes !... Tous les jours nous découvrons de nouveaux faits et des traits nombreux et admirables qui nous font voir sa charité, sa patience, son humilité et toutes les vertus bien plus belles et plus parfaites que nous ne le croyons. Ses camarades ne savent comment s'exprimer pour dire ce qu'il y a pour lui dans leur cœur, de reconnaissance, d'amitié et de vénération. Ses chefs eux-mêmes sont pénétrés des mêmes sentiments.

J'ai employé à confesser ces chers prisonniers depuis une heure jusqu'à six du soir. Jugez du nombre !... et il m'en reste encore autant pour samedi prochain.

Plus d'une fois, rien qu'à les entendre et à les voir pleurer, j'ai été touché jusqu'aux larmes. Il en est parmi eux que Racth avait cherché à ramener à Dieu et qui ne l'avaient point écouté ; aujourd'hui ils sont venus les premiers et les plus attendris au souvenir de ce cher camarade, et aussi les plus pénétrés du besoin où ils sont de revenir à Dieu.

Il en est un surtout qui avait été particulièrement sollicité et qui n'avait répondu que par des grossièretés. Racth n'avait perdu envers lui ni courage ni patience. Pas un jour ne se passait sans qu'il ne revînt à la charge et aussi sans qu'il ne fût repoussé avec la même brutalité. Eh bien ! cet obstiné, je viens de le voir se frappant la poitrine, pleurant comme un enfant, priant sans cesse pour Racth, lui demandant pardon, l'appelant à son secours et voulant à tout prix se convertir, faire une bonne confession et une bonne communion.

D'autres avaient en lui une si entière confiance qu'il m'ont dit lui avoir confié de ces secrets de conscience qu'on ne dit qu'en tremblant même au saint tribunal. Et ils étaient heureux de se souvenir des encouragements et des excellents avis qu'il leur avait donnés pour les mettre en pratique. Et pourtant Racth était bien plus jeune qu'eux. A peine lui auriez-vous donné vingt ans, à sa taille élancée et à sa bonne figure d'enfant.

Vous le voyez, sa mémoire est ici en bénédiction. Elle y vivra longtemps, je l'espère, et elle continuera à y produire des fruits de salut. *In memoria æterna erit justus.....*

H. BARON

FIN.

4.

TABLE DES MATIÈRES.

PRÉFACE... 5

Le Crime.. 10

La Conversion..................................... 14

Le Conseil de guerre.............................. 18

Sentiments et œuvres de pénitence................. 20

L'Annonce fatale.................................. 28

La dernière Nuit.................................. 33

Les derniers adieux............................... 42

Le Départ... 49

L'Exécution....................................... 57

Post-Scriptum..................................... 63

Paris. — Imp. Bailly, Divry et Cie, rue N.-D. des Champs, 19.

Cinquante Histoires, pour faire suite aux *Cinquante Proverbes,* par M. DE MARGERIE. Mêmes formats et mêmes prix que le précédent.

Conversion de Marie-Alphonse Ratisbonne, relation authentique ; par M. le baron DE BUS-SIÈRES. 1 vol. in-18. 50 c. 12/10, 25/20, etc.

Conversion du pianiste Hermann, (R. P. AU-GUSTIN) et du peintre BAUER (R. P. Marie BER-NARD); 4ᵉ édition revue et corrigée. 1 volume in-18. 1 fr. 25

Histoire de saint-Ignace de Loyola, fondateur de la Compagnie de Jésus, par M. DAURIGNAC. 2 vol. in-18 anglais. 6 fr.

Du même Auteur :

Histoire de saint François-Xavier, suivie de Documents. 2 vol. in-12, avec portrait et fac-simile. 6 fr.

Vie abrégée. 1 fort vol. in-12. 2 fr. 50

Sainte Jeanne de Chantal, modèle de la jeune fille et de la jeune femme, fondatrice de la Visi-tation. 1 vol. in-12. 3 fr.

Ces Vies offrent une lecture aussi attrayante que solide. C'est le jugement qu'en portent NN. SS. les Évêques d'Arras et de Beauvais, dans leurs approbations.

De Babylone à Jérusalem, par Mme la comtesse DE HAHN-HAHN. Histoire et motifs de sa Conver-sion au Catholicisme ; traduit de l'allemand par M. Léon BESSY. 1 beau vol. in-18 angl. 2 fr. 50

Une Voix de Jérusalem. Considérations d'une Néophyte sur la Vie catholique, des mêmes auteur et traducteur. 1 beau volume in-18 anglais, avec portrait. 2 fr.

« Ces deux ouvrages, a dit la *Bibliographie catholique,* rappellent sans cesse les *Confessions* de saint Augustin ; c'est la même élévation de sentiments, la même humilité d'aveux, le même élan vers le ciel, le même charme de style..... »

Conversion d'une Famille protestante, par Mᵐᵉ Camille L***. 1 v. grand in-32.   50 c.
Rem. except. : 12/10, 25/20, 65/50, 140/190.

Rome chrétienne, ou *Tableau historique des Souvenirs et des Monuments chrétiens de Rome*, par M. E. DE LA GOURNERIE. 2ᵉ édition, augmentée de plus d'un tiers. 2 forts vol. in-8º.   12 fr.

—Le même ouvrage, 3ᵉ édition. 2 forts vol. in-18 anglais.   7 fr.

Guide de la Jeunesse, par M. l'abbé DE LAMENNAIS, précédé de l'abrégé de l'*Histoire sainte*, par BOSSUET ; de la *Religion démontrée* à la Jeunesse, par Jacques BALMÈS, et suivi d'Exercices pour la Messe, la Confession et la Communion tirés de FÉNELON, des Vêpres du dimanche. 1 vol. in-32 vélin.   1 fr. 50

Bossuet, Balmès, Lamennais et Fénelon, dans des écrits réputés des chefs-d'œuvre, ont composé ce précieux recueil dont toutes les parties, *l'Histoire, le Dogme, la Morale, la Liturgie,* s'appellent et s'enchaînent de manière à faire un tout aussi solide que complet. Il semble difficile de mettre entre les mains de la Jeunesse un guide plus propre à lui enseigner les vérités du salut et à les affermir dans les voies de la vertu et de la piété.

Guerres de la Vendée et de la Bretagne (1790-1832), par Eugène VEUILLOT. 2ᵉ édit., revue avec soin et augmentée. 1 fort volume grand in-18 anglais.   3 fr. 50

L'histoire de ces guerres forment, sous le double rapport politique et religieux, un des chapitres les plus mémorables et les plus intéressants de nos annales. La peinture des mœurs et du pays est mêlée au récit de la guerre.

Exposition de la doctrine chrétienne, par le R. P. BOUGEANT. Nouv. édit. revue, corrigée et consid. augmentée, par un *ancien Professeur de Théologie.* 2 vol. in-8º.   8 fr.

Vie de sainte Françoise Romaine, par Lady Georgiana FULLERTON; traduite de l'anglais par Mlle DE POINCTES - GEVIGNEY. 1 volume in-18 anglais. . . . . 1 fr. 50

Sous presse pour paraître en Mars 1860.

Souvenirs d'une Douairière, par Mlle Anna EDIANEZ DE S. B. 2e édition, revue et augmentée. 1 vol. in-18 anglais. . . . . 2 fr.

Le succès d'une première édition, épuisée en quelques mois, témoigne du mérite de ce livre, où se révèlent de rares qualités d'âme et de style.....

« Il y a dans ce livre, dit M. H. Violeau, un talent d'observation, une finesse d'aperçus, une vérité de sentiments, qu'on est trop heureux d'applaudir.... Dans chacun de ces récits domine toujours une pensée morale, et d'autant plus salutaire qu'elle s'épanouit, pour ainsi dire, au milieu des fleurs de la route.... J'éprouve un véritable plaisir en voyant une jeune fille, une compatriote, promettre à la défense de la plus saine morale un talent si vrai, et, j'en ai l'espoir, destiné à faire tant de bien... »

La Charité, *Légendes*; par Mme BOURDON, auteur de la *Vie réelle*, des *Souvenirs d'une Institutrice* et des *Béatitudes*. 1 beau volume in-18 anglais. . . . . 2 fr.

La Religion ne laisse aucune misère, aucune souffrance sans soulagement et sans consolation. Parmi les œuvres, inspirées par la Charité, il en existe sept appelées les *Œuvres de miséricorde*; c'est à les mettre en action, et en quelque sorte à les personnifier, que l'auteur des *Béatitudes*, a consacré les ressources de son admirable talent. On ne pourra lire ces touchantes légendes sans se sentir ému et disposé à venir en aide au malheur.

Récits du Foyer, par M. H. VIOLEAU. 1 volume in-12.

Combats de la Vie, par M. BOUNIOL. 4e et dernière série. **Un double héritage.** 1 vol. in-12.